▼ Les Histoires du Père Castor ▼

Qu'elles soient nées dans l'esprit fécond d'un auteur ou venues du fond des âges et de pays lointains, les histoires transmettent une culture, une tradition, elles parlent de nous. Comprendre, accepter les autres, mieux se connaître, se laisser porter par la magie des mots et des images : c'est tout cela que les Histoires du Père Castor offrent.

Depuis 1931, le Père Castor propose de merveilleuses histoires illustrées, et crée les classiques de la littérature pour enfants, d'hier et d'aujourd'hui. Nous perpétuons cette tradition avec les talents d'auteurs de mots et d'images pour le plaisir toujours renouvelé du partage de la lecture...

Poucette

Longue vie à toi, Jade.
Elle ne manquera pas de te surprendre.
S. L.

Dépôt légal : mai 2018
ISBN : 978-2-0814-3282-6
Imprimé en République Tchèque par PB Tisk – mai 2019
Éditions Flammarion (L.01EJDN001536.A002) – 87, quai Panhard-et-Levassor, 75647 Paris Cedex 13
Loi n° 49-956 du 16 juillet 1949 sur les publications destinées à la jeunesse

Poucette

D'après un conte d'Andersen
Illustré par Sophie Lebot

PÈRE CASTOR

Il y avait une fois une toute petite fille, mignonne et gracieuse.
Elle n'était pas plus haute qu'un pouce, et, pour cette raison, on l'appelait Poucette.
Elle avait pour berceau une coque de noix, des pétales de violettes étaient son matelas et des pétales de roses son édredon.
Le jour, elle se baignait dans une assiette entourée d'une couronne de fleurs.
C'était charmant à voir.

Une nuit que Poucette dormait, une vilaine grenouille la vit.
« Ce serait une femme parfaite pour mon fils ! » se dit-elle.
Elle s'empara de la coque de noix et se sauva avec elle.

Tout près de là, coulait un large ruisseau
dont le bord était marécageux ;
c'est là qu'habitait la grenouille avec son fils.
Hou ! qu'il était laid et vilain, lui aussi !
– *Koax, koax, brékékékex !*
– Ne parle pas, tu vas la réveiller ! dit la vieille grenouille.
Mettons-la sur une feuille de nénuphar pendant
que nous préparerons la chambre où vous habiterez.

Dans le ruisseau poussaient des nénuphars ; sur la feuille la plus éloignée de la rive, la vieille grenouille plaça la coque de noix avec Poucette. La pauvre mignonne se réveilla de très bonne heure et, lorsqu'elle vit où elle se trouvait, elle se mit à pleurer tristement.

La vieille grenouille finissait de décorer la chambre de roseaux et de boutons de nénuphars.
Puis, accompagnée de son vilain fils, elle nagea vers Poucette.
Elle s'inclina profondément devant elle et dit :
– Voilà mon fils, il sera ton mari.
Vous aurez un élégant logement au fond de la vase.
– *Koax ! koax ! brékékékex !*
C'est tout ce que le fils sut dire.
Et ils partirent à la nage.

Restée toute seule sur le nénuphar,
Poucette sanglotait : elle ne voulait pas avoir un mari si laid.
Les poissons l'entendirent et sortirent la tête de l'eau.
Ils trouvèrent la petite fille si charmante qu'ils décidèrent de l'aider.
Ils s'assemblèrent tous autour de la tige du nénuphar
et la mordillèrent si bien qu'elle cassa.
La feuille se mit à dériver au fil du courant,
emportant Poucette loin, très loin…

Partout où elle passait, les oiseaux,
perchés sur les arbustes, chantaient :
« Quelle gentille demoiselle ! »
Un joli papillon blanc finit par se poser sur la feuille.
Poucette défit sa ceinture, en attacha une extrémité
au papillon et fixa l'autre au nénuphar.
Ainsi la feuille prit une course beaucoup plus rapide.

Soudain, un gros hanneton l'aperçut,
et aussitôt la saisit dans ses pinces
pour l'emporter dans un arbre.
Poucette était effrayée.
Le hanneton s'installa avec elle
sur la plus grande feuille de l'arbre.
Les autres hannetons la regardaient
et dirent qu'elle était bien laide.
Le hanneton, qui l'avait pourtant trouvée jolie,
finit par le croire aussi !
Alors il déposa Poucette sur une grande marguerite
et lui dit qu'elle pouvait s'en aller où elle voulait.

La pauvre Poucette se retrouva toute seule dans la grande forêt.
Elle se tressa un lit de brins d'herbe sous une large feuille pour se protéger de la pluie.
Elle se nourrissait du pollen des fleurs et buvait la rosée du matin.

Ainsi passèrent l'été et l'automne, mais vint alors le froid et long hiver.
Tous les oiseaux s'envolèrent. Les arbres et les fleurs se fanèrent.
La feuille sous laquelle elle habitait ne fut bientôt plus qu'une tige flétrie.
Poucette partit à la recherche d'un nouvel abri.
Mais il se mit à neiger, et chaque flocon qui tombait pesait sur elle,
tant elle était petite et délicate. Elle s'enveloppa dans une feuille fanée,
mais cela ne pouvait pas la réchauffer.

À l’orée de la forêt, elle arriva enfin à la porte de la souris des champs. Tremblant de froid, elle frappa et demanda un petit morceau de grain d’orge, car depuis deux jours elle n’avait rien eu à manger.

– Pauvre petite, dit la souris, entre vite au chaud et viens manger avec moi !

Puis, elle lui proposa :
– Reste chez moi cet hiver.
En échange, tu nettoieras ma maison et me conteras des histoires.
Poucette accepta car la demeure était chaude
et la chambre pleine de grains.
– Nous allons avoir une visite, annonça la souris.
Mon voisin a l'habitude de venir me voir chaque soir.
Il faudra lui conter les plus belles histoires que tu connaisses.

Le voisin, qui était une taupe, arriva bientôt.
Il était riche et aussi très savant,
mais il détestait le soleil et les fleurs car il ne les avait jamais vus.
Poucette dut chanter. Et la taupe tomba amoureuse.
Elle venait de construire un corridor dans la terre
entre sa demeure et celle de la souris, et elle permit à Poucette
de s'y promener tant qu'elle voudrait.

Un jour, dans le long couloir sombre,
Poucette découvrit une hirondelle étendue sur le sol.
« Pauvre oiseau, pensa-t-elle tristement, il est sûrement mort de froid. »
Elle se baissa et lui donna un baiser.
Puis, elle alla chercher sa couverture en feuilles de menthe
et l'enveloppa. Elle posa sa tête sur la poitrine de l'oiseau
mais tressauta aussitôt :
elle entendait de très lents battements de cœur.
L'hirondelle n'était pas morte !
Poucette décida de la sauver.

La nuit suivante, l'hirondelle ouvrit un instant ses yeux.
– Sois remerciée, lui dit-elle, encore très faible. J'ai été délicieusement réchauffée, bientôt je pourrai de nouveau voler aux rayons du soleil !

L'hirondelle lui raconta comment elle s'était blessé l'aile
et n'avait pas pu voler avec les autres vers les pays chauds.
Elle avait fini par tomber à terre, et ne se rappelait plus rien.
– Oh ! dit Poucette, il neige et il gèle dehors.
Reste ici au chaud, je te soignerai.

Tout l'hiver, l'hirondelle resta cachée.
Ni la taupe ni la souris des champs ne s'en doutèrent.
Poucette s'occupait d'elle et l'aimait beaucoup.
Dès que vint le printemps, la petite fille fit un trou dans le toit de la galerie.
Le soleil rayonnait superbe au-dessus d'elles.
L'hirondelle proposa à Poucette de l'accompagner.
– Non, je ne peux pas, dit Poucette.
Cela fera de la peine à la souris, si je la quitte ainsi.
– Adieu, bonne et gentille petite fille, dit l'hirondelle en s'envolant.
Poucette la suivit du regard, et ses yeux se mouillèrent.
– *Qvivit! qvivit!* chanta l'oiseau en s'éloignant dans la forêt verte.

Poucette passait ses journées à filer et à tisser son trousseau.
Son voisin, l'ennuyeuse taupe, l'avait demandée en mariage,
et la souris avait décidé qu'ils se marieraient à l'automne.
La petite n'était pas heureuse.
Tous les matins et tous les soirs, elle se glissait à la porte.
Il faisait si bon et si beau dehors !
Lorsque l'automne arriva, Poucette pleura
et dit qu'elle ne voulait pas épouser la taupe.
– Taratata, dit la souris, ne sois pas stupide.
Si tu refuses, je te mords !
C'est un excellent mari que tu auras.

La veille du mariage, la pauvre enfant, tout affligée, se glissa dehors.
– Adieu, lumineux soleil ! Adieu, adieu !
dit-elle en entourant de ses bras une petite fleur rouge.
Salue de ma part la gentille hirondelle, si tu la vois.
– *Qvivit ! qvivit !* entendit-elle à ce moment au-dessus de sa tête.

C'était l'hirondelle !
Poucette lui raconta en pleurant qu'elle ne voulait pas avoir pour mari la vilaine taupe et habiter sous terre.

– Voilà l'hiver qui revient, dit l'hirondelle. Viens avec moi. Nous nous envolerons loin de la taupe et de sa sombre demeure. Nous irons jusqu'aux pays des fleurs exquises, où c'est toujours l'été.

– Oui, je viens avec toi, dit Poucette en montant sur le dos de l'oiseau.

L'hirondelle s'éleva haut dans les airs, au-dessus des forêts et des lacs,
au-dessus de la mer et des grandes montagnes couvertes des neiges éternelles.
Poucette eut froid dans l'air glacé,
mais elle se pelotonna sous les plumes chaudes de son amie.

Enfin, elles arrivèrent aux pays chauds.
Dans les fossés et sur les haies poussaient de délicieux raisins blancs et bleus.
Dans les forêts mûrissaient des citrons et des oranges…
Mais l'hirondelle vola plus loin encore, et ce fut de plus en plus beau.

Au milieu de magnifiques arbres verts, au bord de la mer bleue, se dressait un château d'une blancheur éclatante. Tout en haut se logeaient de nombreux nids d'hirondelles.
– Voilà ma maison, dit l'hirondelle en montrant l'un d'eux. Je vais te poser sur l'une des fleurs blanches qui poussent en bas, et tu seras aussi bien que tu peux le désirer.
– C'est parfait, dit Poucette en battant des mains.

Mais quelle surprise fut celle de la petite fille! Un petit homme était assis sur la fleur. Il avait sur la tête une couronne et aux épaules de jolies ailes transparentes, il n'était pas plus grand que Poucette. C'était l'esprit de la fleur. Dans chaque fleur habitait un esprit, et celui-là était le roi de tous.
– Oh! comme il est beau! chuchota Poucette à l'hirondelle. Le jeune prince fut effrayé par l'hirondelle, mais dès qu'il aperçut Poucette, il fut enchanté. C'était la plus belle jeune fille qu'il eût jamais vue. Il prit sa couronne d'or et la plaça sur la tête de Poucette, puis il lui demanda comment elle s'appelait et si elle voulait être sa femme.

Oh! c'était là un mari bien différent du fils de la grenouille ou de l'ennuyeuse taupe! Alors Poucette dit oui au charmant prince.

Aussitôt, de chaque fleur, arriva une demoiselle
ou un jeune homme apportant un présent à la nouvelle reine.
Celui qu'elle préféra fut une paire de jolies ailes.
Le prince les attacha dans le dos de Poucette,
si bien qu'elle put, elle aussi, voltiger de fleur en fleur.
Quelle joie ce fut alors !

Et là-haut, dans son nid,
la petite hirondelle chantait leur bonheur
du mieux qu'elle le pouvait.

Vous avez aimé cette histoire ?
Découvrez également…

Dans la même collection

n° 5 | Michka

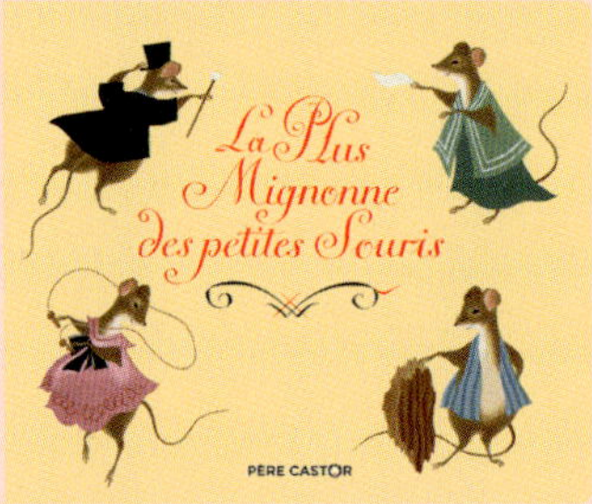

n° 11 | La Plus Mignonne des Petites Souris

n° 15 | Jacques et le haricot magique

n° 19 | La Grande Panthère noire

n° 24 | Le Petit Poucet

n° 32 | Tom Pouce

n° 34 | La petite fille qui voulait voir le désert

n° 40 | Le Chat Botté

n° 48 | Un bon tour de Renart

Dans la même collection

n° 51 | Hansel et Gretel

n° 54 | La Chèvre de Monsieur Seguin

n° 58 | L'Ours et les trolls de la montagne

n° 65 | Épaminondas

n° 80 | La Légende de saint Nicolas

n° 81 | Le Démon de la vague

n° 94 | Raiponce

n° 104 | Le Joueur de flûte de Hamelin

n° 106 | Un gâteau 100 fois bon